NOTICE

SUR LA VIE & SUR LA MORT

DE SŒUR

MARIE - CAROLINE

DE St-JEAN DE LA CROIX

Religieuse Tertiaire de N.-D. du Mont-Carmel

A CHARTRES

LE MANS

IMPRIMERIE ET LIBRAIRIE LEGUICHEUX-GALLIENNE

15, rue Marchande, et rue Bourgeoise, 16

—

1880

NOTICE

SUR LA VIE & SUR LA MORT

De Sœur

MARIE-CAROLINE DE ST-JEAN DE LA CROIX

RELIGIEUSE TERTIAIRE DE N.-D. DU MONT-CARMEL

A CHARTRES

Le 23 août 1877, paraissait devant Dieu, riche d'œuvres saintes, une de ces grandes âmes comme on en rencontre trop peu sur la terre. Mademoiselle Aimable-Victoire Foucher, religieuse professe du Tiers-Ordre de Notre Dame du Mont-Carmel, en religion, sœur Marie Caroline de Saint-Jean de la Croix, naquit en 1816, de parents profondément chrétiens, dans la paroisse de Bouville, au diocèse de Chartres. Elle était la seconde de six enfants, dont trois moururent en bas âge. Son père étant tombé veuf onze ans plus tard, à la tête d'une grande exploitation agricole, il ne lui restait plus que sa Victoire, une plus jeune fille et un fils ; la généreuse enfant comprit que pour elle devait commencer une vie toute de dévouement L'année suivante la ferveur avec laquelle elle se prépara à la première communion la fit remarquer parmi toutes ses compagnes ; déjà elle devenait un sujet d'édification pour les enfants de son âge, pour les domestiques de la maison, et pour toute la paroisse. Elle grandit dans la piété et dans toutes les vertus auxquelles son excellente mère, avant de mourir, l'avait déjà formée ; et s'étant rendu compte de la responsabilité qui pesait sur ses bras, elle exerça une rigoureuse surveillance sur elle-même et sur la famille.

Les servantes de la maison étaient sans cesse sous ses yeux, le dimanche, éloignées de toute dissipation dangereuse, les autres jours partageant ses travaux ; le soir, aux longues veillées d'hiver, repassant ensemble les leçons du catéchisme, dont le souvenir, autrement, n'aurait pas tardé à s'effacer de la mémoire. Pendant ce temps les garçons s'occupaient ailleurs, soit ensemble, soit en conversant avec M. Foucher. Ce vénérable patriarche tenait de son côté à les voir accomplir leur devoir de chrétien ; chaque dimanche il les conduisait à la messe ; jamais il n'eût permis ce jour-là une œuvre servile, et fier de sa fille il se plaisait à dire : « Ah ! ma Victoire, comme elle prend soin de nous tous ; vraiment je n'ai rien à surveiller, elle gouverne ma maison avec une sagesse au-dessus de son âge. »

L'activité de cette jeune personne était telle, qu'elle ne commandait aucun ouvrage sans qu'elle ne fût la première à y mettre la main ; cette activité, du reste, répondait si bien à sa nature vive et ardente, qu'elle ne s'est jamais ralentie même au milieu des infirmités qui devaient la conduire au tombeau ; elle eût été incapable de donner un instant à l'oisiveté. Quels que fussent les travaux de la ferme et la surveillance, elle trouvait encore du temps pour vaquer à la méditation, à la lecture spirituelle. Chaque jour elle récitait son chapelet et l'office de la sainte Vierge Marie, en présence des domestiques. Parfois elle allait visiter les femmes du village, surtout à l'approche des grandes fêtes ; c'était afin de les presser de se préparer au sacrement de pénitence et à la sainte communion ; elle s'emparait des jeunes filles, les réunissait chez elle, pour les prémunir contre les dangers du monde ; chantait et leur apprenait des cantiques, leur faisait des lectures pieuses qu'elle trouvait moyen de rendre attrayantes ; leur parlait de la vertu de manière à la faire aimer ; puis, quand elle s'apercevait qu'il était temps de devenir moins sérieuse, elle organisait des jeux, auxquels elle savait mettre beaucoup d'entrain ; elle exerça par là un véritable apostolat.

Ainsi se passa sa jeunesse à Bouville jusqu'en 1848 ; époque à laquelle M. Foucher, épuisé par le travail et réduit à un repos que réclamaient son âge et ses infirmités, résolut de se retirer à Chartres ; cette ville avait ses préférences parce que c'était la ville de la sainte Vierge, parce que là, mieux qu'ailleurs, il trouverait à satisfaire sa piété. Dès lors, il ne voulut plus s'occuper que de son salut; hiver comme été, à quatre heures il était sur pied, puis se rendait à la cathédrale où il entendait régulièrement trois messes : la première en préparation, la deuxième où il faisait la sainte communion, la troisième employée en action de grâces. Sa société se réduisait à quelques prêtres ou pieux laïques ; et quand les infirmités ne lui permirent plus d'aller par la ville vaquer à ses œuvres charitables, sans cesse on le trouvait en prières.

Mademoiselle Foucher se demanda alors si le moment n'était pas venu de réaliser le projet qu'elle nourrissait depuis longtemps, d'embrasser la vie religieuse. De très bonne heure elle s'était consacrée à Dieu par le vœu de virginité, et maintenant son choix était fait : l'ordre de la Visitation avait toutes ses préférences. — Elle avait mis dans sa confidence un directeur aussi pieux qu'éclairé, M. l'abbé Carré, professeur de philosophie au grand séminaire. Ce digne prêtre était allé quelques années auparavant exercer son zèle dans la paroisse de Bouville, pour soulager M. le curé arrêté par une longue maladie ; chaque dimanche, sans interrompre ses cours, il était venu célébrer la sainte Messe, prêcher, confesser ; de nombreuses conversions avaient été le fruit de son labeur, et les traces de son passage sont loin d'être effacées. M. et Mademoiselle Foucher furent ceux peut-être qui en tirèrent le plus grand profit ; ils lui ouvrirent leur âme, et la confiance qu'ils lui témoignaient ne fut probablement pas étrangère à leur détermination de venir habiter Chartres. M. Carré encouragea d'abord une vocation qui semblait donner de si bonnes garanties, mais il ne tarda pas à reconnaître que la Providence avait d'autres vues sur cette âme d'élite. Plus que jamais elle devenait nécessaire auprès de son vieux père accablé d'infirmités; c'était là que la retenait le devoir. Ainsi, Dieu parfois se plaît à souffler en des âmes généreuses le désir ardent d'une vie plus parfaite, et leur retire le moyen de le réaliser; cette contradiction apparente n'a rien qui doive surprendre; car, quoique empêchées de satisfaire cet attrait surnaturel, elles y puisent l'éloignement du monde, une vertu plus éprouvée, et apprennent à mener dans une condition tout ordinaire, une vie retirée, austère, vraiment digne du cloître; cet état qui n'est pas de leur choix, sans cesse même en opposition avec leurs tendances, peut leur faire acquérir plus de mérites que s'il leur eût été donné de les satisfaire. Mais l'Église, inépuisable dans ses ressources, pour les dédommager de cette privation, a institué des Tiers-Ordres où l'âme, dans sa profession solennelle, contracte des engagements sacrés, et sans rien déranger au genre de vie que lui impose la Providence, revêt le caractère religieux. Ce fut tout une révélation pour Mademoiselle Foucher. Lorsque arrivée à Chartres, elle connut le Tiers-Ordre de Notre-Dame du Mont-Carmel, voyant se fermer devant elle les portes du monastère, elle aspira de tous ses désirs à cette belle institution, qui devait la dédommager d'un état plus parfait. Toutefois cette sainte ambition ne put être satisfaite que douze ans plus tard, en 1862.

Toujours active et zélée, à Chartres comme à Bouville, Mademoiselle Foucher n'eut pas de peine à remplir sa vie d'œuvres charitables; si nombreuses qu'elles fussent elle ne disait jamais : « C'est trop, c'est assez »; elle se multipliait pour suffire à toutes; s'y donnait avec ardeur, sans précipitation, sous la direction des prêtres qui les lui inspiraient. Parmi les œuvres de piété rappelons notamment l'Adoration perpétuelle du Saint Sacrement. Jusqu'à sa dernière maladie elle n'a jamais manqué d'aller faire l'heure qui lui était assignée, et si parfois il lui était impossible de se rendre à la Cathédrale, rien n'était perdu ; elle se tenait en adoration, quelque part qu'elle se trouvât. En tête de toutes ses œuvres de zèle il faut mettre le soin qu'elle prenait de réunir les jeunes filles, afin de les éloigner des plaisirs mondains. Une jeune personne de sa connaissance étant venue à Chartres en qualité de domestique, elle la prit sous sa protection et la plaça dans une famille sûre. Ici se révélait le germe d'une œuvre nouvelle. Combien depuis lors de domestiques ont été placées par elles dans les maisons les plus recommandables, et maintenant lui doivent les économies qu'elle leur a fait amasser, les vertus dont elles s'honorent ! Quand une jeune fille arrivait de sa campagne, et venait se recommander à elle, son premier soin était de lui demander : « Êtes-vous pieuse ? Quelles sont vos habitudes à ce sujet ? Combien de fois par an fréquentez-vous les sacrements ? » Il était rare qu'elle ne l'amenât pas à prendre la résolution de faire davantage ; lui faisait choisir un confesseur, puis lui cherchait une place, avec la sollicitude d'une sœur aînée, disons mieux, comme l'eût fait une mère. Depuis ce moment, elle ne perdait plus de vue ses protégées, les habituait à venir passer auprès d'elle les quelques instants de délassement qui leur étaient accordés ; le soir, le matin, dans le milieu du jour, à quelque occupation qu'on la trouvât, il ne fallait pas craindre de la déranger. Elle s'informait de leur santé, entrait dans les moindres détails de leurs petits chagrins, des difficultés inséparables du service et pour lesquelles elle avait toujours une bonne parole, puis elle pénétrait jusqu'aux affaires de la conscience. Le dimanche surtout elle leur appartenait tout entière : « Eh bien, mon enfant, comment avez-vous rempli votre semaine ? Qu'avez-vous fait pour le bon Dieu ? Je vous ai placée dans une maison où vous pouvez assister à la sainte Messe chaque matin sans que l'ouvrage en souffre, saisissez-vous avec empressement ce précieux avantage ? » puis elle passait en revue l'emploi du temps, elle en trouvait assez pour qu'on fît chaque matin une méditation, et lorsqu'on s'excusait sur ce qu'on ne savait pas la faire, elle procurait un livre et donnait tout son soin à en bien expliquer la méthode. — Tantôt elle excitait le zèle de ses chères filles pour leur avancement spirituel, tantôt elle réprimait des élans de vertu parfois inconsidérés, des imprudences qui eussent pu compromettre leur santé, ou occasionner des mécontentements. — Sachant combien la coquetterie devient un danger, et la simplicité un préservatif pour l'innocence, elle usait de toute son autorité afin de combattre le luxe et arrêter les moindres entraînements à la vanité. Elle savait dire : « Quand on aime la toilette, c'est afin de plaire au monde, et par là on néglige de plaire à Dieu; je me défie d'un cœur qui cherche à attirer l'attention du monde, il est impossible qu'il se garde longtemps pur, croyez-moi, renoncez à toutes ces futilités. » Ces leçons étaient si bien comprises que la plupart déposaient leur bourse entre ses mains ; elle plaçait soigneusement, à intérêt, leurs petites économies, ne craignait pas de faire elle-même pour cela des avances; elle organisait leur trousseau, achetait leurs vêtements, souvent même y mettait du sien pour les pourvoir du nécessaire ; plus tard elle s'informait du soin qu'on mettait à conserver et entretenir ses habillements. Un jour, une domestique peu soigneuse se présenta à elle dans une mise négligée; elle lui en fit des reproches, et la pauvre fille s'excusant sur ce que le travail était excessif dans sa position, elle se fit apporter tous ses effets, les nettoya, les raccommoda et les lui remit en bon état ; du reste elle rendit ce service à beaucoup d'autres. Aussi lui étaient-elles reconnaissantes et comptaient parmi leurs meilleurs moments, ceux qu'elles venaient passer auprès d'elle. Si quelques maîtres peu chrétiens avaient des exigences au delà de ce qui était convenu, ou leur rendaient difficiles leurs devoirs religieux, elle ne craignait pas d'aller plaider auprès d'eux la cause de l'orpheline sans défense, et si la maison n'offrait plus assez de garanties elle la retirait aussitôt. Son austérité et son dévouement furent bientôt connus des meilleures familles. A Chartres et dans les environs, quand on voulait une servante, qu'on pût introduire chez soi en toute sécurité, on n'allait plus au bureau de placement : « Adressons-nous à Mademoiselle Foucher, disait-on, et acceptons en confiance celle qu'elle nous recommandera. » Toutefois la bonté de cœur avec laquelle elle se dévouait à sa nouvelle famille ne préjudiciait en rien à sa fermeté. Si quelque maître faisait sur sa protégée une plainte juste, elle la mandait, lui adressait les réprimandes méritées et ne la congédiait qu'après lui avoir fait promettre de se corriger. Dieu sait ce qu'elle lui a procuré de gloire, par les soins qu'elle mettait à cultiver ces âmes ; que de vertus, que d'œuvres admirables sont le fruit de son zèle. Pourtant la patience ne lui était guère naturelle ; et si sa vivacité venait à se heurter contre un caractère lent ou sans énergie, on la voyait se contraindre, la lutte intérieure se traduisait au dehors par un regard expressif vers son crucifix, qu'elle invoquait pour obtenir la victoire. Si parfois il lui échappa un mot que désavouait la charité, vite elle le réparait : « Oh ! je t'ai fait de la peine, disait-elle à sa plus intime amie, la sœur de M. l'abbé Carré, tu me le pardonnes, n'est-ce pas ? » On le pense bien, ce pardon était déjà donné. Dès le temps où elle demeurait à Bouville, elle avait appris à connaître la belle âme de cette amie élevée dans la piété ; et qui, comme elle, aspirait toute jeune à la solitude du cloître ; elles ne s'entretenaient que du bonheur de la vie religieuse, s'encourageaient mutuellement à en pratiquer les vertus et la régularité, se berçaient de beaux projets, que le ciel ne permit jamais de réaliser. Mademoiselle Carré dut accompagner son frère à la cure d'Illiers qu'il administra avec un zèle d'apôtre, jusqu'en 1872. — La mort lui ayant enlevé ce frère qu'elle vénérait comme un saint, et qu'elle aimait comme elle-même, Mademoiselle Foucher réclama sa part d'héritage, et voulut recueillir chez elle cette tendre amie, demeurée sans asile : « Tu sais, lui avait-elle dit, dans cette circonstance, nous nous sommes toujours aimées dans le bon Dieu, maintenant nous unirons nos forces pour l'aimer davantage ; pour le faire aimer, travailler à sa gloire et au salut des âmes. »

Monsieur Foucher venait de succomber à ses longues et douloureuses infirmités ; sa fille, qui s'était fait un devoir de ne jamais le quitter, se rendit alors au Mans, afin de s'initier au Tiers-Ordre de Notre-Dame du Mont-Carmel et d'en recevoir le saint habit, qu'elle désirait depuis si longtemps. Un an plus tard, elle retourna faire sa profession. — Son zèle pour le Tiers-Ordre grandit à mesure qu'elle l'apprécia davantage. Non seulement elle était d'une exactitude invariable à en remplir les devoirs : le lever, la méditation, l'assistance à la sainte Messe, la récitation de l'office de la sainte Vierge, le silence et les autres pratiques s'observaient à l'heure prescrite par la règle ; mais elle chercha de plus à faire goûter et apprécier ce bienfait par les personnes qu'elle en jugea capables. Elle leur expliquait les pratiques du règlement, les formait aux vertus que demande ce saint état, et leur donnait chaque soir rendez-vous dans sa maison. Une aimable charité présidait ces réunions journalières ; une douce gaieté n'en était point bannie ; on s'y mettait à l'aise, la conversation roulait le plus ordinairement sur le Tiers-Ordre ; on apprenait à le mieux connaître, on s'encourageait mutuellement à l'observance des saintes règles ; par intervalle on chantait des cantiques. La récréation même avait sa place au milieu de ces pieux entretiens ; témoin un livre où chacune venait tirer au hasard une petite maxime, une petite vérité, qu'on lisait à haute voix et dont l'application plus ou moins juste provoquait une franche hilarité. D'autres fois on distribuait un jeu de cartes, sur chacune desquelles on tirait un *moyen d'aller au ciel*. — Peu à peu la petite famille carmélite se développa. En 1872 elle était devenue si nombreuse que la sœur Marie-Caroline de Saint-Jean de la Croix entreprit de procurer à ses sœurs le bienfait d'une retraite. Bien des fois elle avait pu apprécier les avantages de ces saints exercices, en se rendant au Mans ; mais le voyage était dispendieux, impossible pour le plus grand nombre. M. l'abbé Dallier, curé de la Cathédrale, qui avait pris sous sa protection l'institution dès sa naissance, goûta fort ce projet, l'appuya de toute son influence et s'adressa aux bonnes religieuses du Saint-Cœur de Marie, qui, avec le plus généreux empressement, lui ouvrirent leur chapelle. Un missionnaire, bien connu à la maison de Sainte-Thérèse du Mans, fut invité à prêcher ; toutes les tertiaires de la ville et du diocèse furent convoquées. — Le 11 octobre, au soir, M. l'abbé Dallier ouvrait lui-même la retraite, qui fut suivie avec un zèle vraiment admirable, et la terminait le 15, dans la fête de sainte Thérèse où toutes les sœurs renouvelèrent, en sa présence, leur profession.

Avec le temps et l'accroissement du Tiers-Ordre, le besoin s'était fait sentir de lui donner une organisation définitive, sur le modèle de celle du Mans. Monseigneur l'Évêque de Chartres, qui n'avait reçu que les meilleurs témoignages de cette excellente œuvre, voulut bien nommer M. l'abbé Dallier supérieur de tout le Tiers-Ordre dans son diocèse. — Muni de ces pouvoirs, le bon père ouvre la retraite le 11 octobre 1873 en faisant connaître son nouveau titre et ses attributions, puis faisant venir sœur Caroline de Saint-Jean de la Croix, il lui impose la charge de supérieure ; et lui adresse les plus touchantes paroles d'encouragement. Toutes les sœurs vinrent rendre leur devoir à la Révérende Mère nouvellement élue, selon qu'il est prescrit dans le cérémonial ; les autres officières reçurent également leur charge, et l'on se donna à la retraite avec une nouvelle ardeur. Depuis lors les retraites sont suivies tous les ans avec l'empressement le plus édifiant, mais nulle n'en a profité avec plus d'avidité que la nouvelle supérieure. Trois mois à l'avance elle en témoignait sa joie, prévoyait les obstacles qui pourraient arrêter les unes ou les autres, comptait celles de la campagne qui avaient la facilité de venir, les pressait, réitérait ses invitations, gémissait sur celles qui en seraient privées. Elle eut voulu les voir toutes se renouveler et se sanctifier dans ce précieux rendez-vous; et lorsque tout était fini : « O quel bonheur, s'écriait-elle, quel bien la retraite a produit! ô Jésus ! je vous remercie ; maintenant si j'allais mourir comme je serais bien préparée ! » — Du reste en toute occasion la reconnaissance envers l'Époux divin lui arrachait de ces élans du cœur qu'elle exprimait à haute voix.

Devenue supérieure on ne peut pas dire que la Mère Caroline de Saint-Jean de la Croix ait grandi en zèle et en dévouement pour le Tiers Ordre, ni en tendre affection pour ses chères filles; il lui était impossible de faire davantage pour une œuvre à laquelle elle se dépensait tout entière ; mais grande était sa joie en voyant l'avenir assuré par cette organisation.

Une de ses meilleures jouissances, était encore de se retrouver avec les Tertiaires de la ville, à la chapelle du Saint-Cœur de Marie, pour la réunion de chaque mois, prescrite par les saintes règles. Elle voulait que le cérémonial y fut observé dans ses moindres détails ; elle profitait de ce pieux rendez-vous pour donner un conseil, une réprimande à l'occasion ; car son zèle ne reculait devant aucun moyen de faire le bien. Toutefois, ses filles en ont rendu le témoignage, sa correction était à la fois ferme et douce, sa charité sans limites ; elle savait se faire toute à toutes, pleurer avec celles qui étaient dans la peine, se réjouir avec celles qui étaient dans la joie, être bonne sans faiblesse, car disait-elle, *il faut user d'indulgence pour les autres, n'être sévère que pour soi-même.*

Toutefois la charge de supérieure du Tiers-Ordre ne lui fit négliger aucune des œuvres de charité auxquelles elle prêtait son concours. Elle travaillait à procurer des associés à la Propagation de la Foi, à la Sainte-Enfance, à l'œuvre de Saint-François de Sales, à celle des pauvres malades, des couvre-pieds pour les indigents de la ville, de la confrérie de Notre-

Dame de Chartres. Est-il une institution de piété ou de charité, où on ne la voie figurer au nombre des zélatrices les plus ardentes ? Combien de séminaristes appartenant à des familles sans ressources ont été aidés par son industrieuse générosité ! Malgré la grande difficulté qu'elle éprouvait à marcher, à quelle porte de riche chrétien n'a-t-elle pas frappé, pour aider ces jeunes lévites à suivre leur vocation, pour payer le loyer des indigents, leur procurer le bois et autres choses indispensables ; s'adressant aux membres de la Société de Saint-Vincent de Paul, les intéressant en faveur des pauvres honnêtes dont elle parvenait à découvrir la détresse ? elle devenait leur puissante avocate ; impossible de résister à l'éloquence que lui inspirait la charité. — Les petites sœurs des pauvres ayant fait leur entrée dans la ville de Chartres, comme partout dépourvues du nécessaire, elle fut une des premières à leur porter du linge. Du reste, il faut dire d'elle comme du saint patriarche Job (Job, XXXI, 18.) qu'elle *a puisé la compassion dans le sein de sa mère, qu'elle a grandi avec elle dès l'enfance.* On se rappelle à Bouville que la ferme de M. Foucher était le rendez-vous de toutes les infortunes ; les voyageurs y trouvaient le vivre et le couvert, les pauvres, de larges aumônes. Chaque semaine, étaient mis en réserve un certain nombre de pains, auxquels il n'était pas permis de toucher, pour l'usage de la maison, c'était la part de la charité. — Ces habitudes d'enfance répondaient trop à la générosité de ce grand cœur, pour qu'elle les oubliât plus tard ; mais pour n'en pas perdre le mérite, et pour les offrir plus sûrement à Dieu, elle s'efforçait de les tenir cachées, et si quelque personne familière en était témoin, elle recommandait bien de n'en rien dire au dehors. — Un jour, elle surprit une amie faisant son éloge à ce sujet ; elle l'arrêta, l'en reprit vivement en lui disant : « Ce n'est pas pour le monde que je travaille, c'est pour le bon Dieu. » En effet ceux qui consentent à donner quelque retentissement à leurs aumônes sont bien exposés à voir l'orgueil faire sa part, et la grosse part ; il n'en reste plus guère pour Dieu. — Un autre jour, une de ses chères filles lui demanda comment il fallait s'y prendre pour obtenir la conversion d'un pécheur, à qui elle s'intéressait beaucoup ; elle lui indiqua la prière et la mortification ; en même temps elle lui fit connaître un instrument de pénitence, dont elle-même faisait usage, quand elle sollicitait de pareilles grâces ; car la conversion des pécheurs ne pouvait échapper à son zèle. Après s'être munie des moyens qu'elle indiquait aux autres, après avoir offert toutes ses actions et bonnes œuvres à la même intention, fait brûler des cierges devant la statue de Notre-Dame de Chartres et de saint Joseph, elle allait droit à la brebis égarée, l'abordait avec bonté, avançait avec prudence et l'exhortait avec feu ; on connait un certain nombre d'hommes qu'elle a ramenés ainsi à la pratique de leurs devoirs religieux. Après le culte de la sainte Vierge venait celui de saint Joseph ; prenant modèle sur sa sainte mère sainte Thérèse, elle le recommandait instamment dans le Tiers-Ordre. C'est à ce saint patriarche qu'elle confia le succès d'un projet nourri depuis longtemps, l'objet de ses plus vifs désirs, et qu'elle n'eut pas le bonheur de réaliser de son vivant, celui de posséder une maison pour les tertiaires. « Si tu savais, disait-elle à son intime confidente, Mademoiselle Carré, combien je soupire après cette maison ! Quel bonheur ce serait de réunir autour de moi mes chères filles, d'ouvrir un asile à celles qui n'en ont pas, de faire nos exercices religieux en commun, et surtout de posséder une chapelle ! » Puis dirigeant son regard sur la statue de saint Joseph : « Vous m'entendez, mon bon saint Joseph c'est entre vos mains que je remets cette affaire ; pour vous témoigner ma reconnaissance, j'y placerai votre image. »

Toutefois, le soin qu'elle donnait aux œuvres de charité, ne l'entraînait pas à se négliger elle-même. Voulant que la société de Mademoiselle Carré lui devînt profitable : « Je t'en prie, lui disait-elle, par charité, rends-moi le plus grand des services, avertis-moi de mes défauts ; car on devient facilement aveugle sur soi-même, on ne se connaît pas, et je veux me corriger. Tu sais que suis très vive de caractère, j'ai beaucoup à combattre, mais ne crains pas de m'humilier, moi aussi je t'avertirai à l'occasion. » A chaque fois qu'on avait mis le doigt sur la plaie ; « Merci, merci, disait-elle, voilà encore une mauvaise herbe à arracher de mon jardin, aidez-moi, mon Dieu ! »

Cependant les infirmités s'aggravaient avec les années, mais ne diminuaient en rien ses œuvres de zèle ; son activité, quoique devenue plus pénible, ne savait pas se ralentir; moins répandue au dehors elle trouvait encore à la maison bien des vertus à pratiquer. Jusqu'à la fin elle observa rigoureusement tous les jeûnes d'obligation, sans se permettre aucun des adoucissements que l'Église, dans son extrême indulgence, a introduits depuis un certain nombre d'années. Le carême entier, elle pratiquait l'abstinence, se contentant le soir d'un peu de fromage ou de fruits. Depuis la collation du mercredi de la semaine sainte, jusqu'au samedi saint, après que le son des cloches avait ramené le joyeux alleluia, elle ne prenait aucune nourriture, comme autrefois elle l'avait vu pratiquer par son vénéré père. Les douleurs devenues plus aiguës que jamais n'altérèrent en rien son égalité d'humeur ; pour en tempérer l'excès, fréquemment elle répétait : « Mon bon Jésus j'accepte mes souffrances, je les unis aux vôtres, et je vous demande la grâce de faire ici-bas mon purgatoire. » Dieu se plut à exaucer cette prière.

En novembre 1876, devenue plus souffrante que de coutume, elle se rendait un matin à la chapelle souterraine de la Cathédrale. Le froid était intense ; en descendant l'escalier de la crypte elle fit une chute malheureuse; ce fut le premier coup de la mort. — Pendant l'hiver 1877, sa santé s'altéra de plus en plus. Elle se releva pourtant, et le jour où il lui fut possible de sortir pour la première fois, elle se fit conduire à la chapelle des religieuses du Saint-Cœur de Marie. En entrant elle s'écria avec cette expansion qui lui était habituelle :

« Que je suis heureuse de revoir le tabernacle ! Jésus ! merci pour le bonheur que vous me procurez de vous revoir. » Et elle pleura de bonheur. Mais ces sorties ne pouvaient être aussi fréquentes que l'eût souhaité sa piété. De grand matin elle était prête à partir; Mademoiselle Carré effrayée de cette témérité, cherchait à la retenir : « Non, ma chère, lui disait-elle, je ne veux pas être privée du bonheur d'entendre la sainte Messe et de recevoir la sainte communion. » Et voyant qu'elle n'allait rien obtenir ; s'entendant objecter l'épuisement de ses forces : « Que tu me fais de peine, en me parlant ainsi, ajoutait-elle. Allons oublie tout, ton bras me portera. Le voyage de la Cathédrale était long, difficile, même dangereux ; et de retour à la maison, son premier soin était de remercier Notre-Seigneur : « O mon Jésus, l'entendait-on dire, comme vous êtes bon de m'avoir encore accordé cette Messe et cette bonne Communion ! je ne savais si mes jambes allaient me continuer leur service jusqu'au bout, mais vous m'avez aidée, mon Jésus, merci, je vous possède dans mon cœur. » On remarque du reste que toute sa vie, le caractère spécial de sa dévotion consistait, avec une foi inébranlable, dans la reconnaissance. — Le long du jour elle ne cessait de remercier Dieu, pour toutes les faveurs temporelles et spirituelles qu'elle recevait de lui. Après le repas on l'entendait dire: « Merci, mon Dieu ! hélas, combien de pauvres gens qui manquent de tout, et moi j'ai tout le nécessaire. Merci, de m'avoir conservée pendant cette nuit, de m'avoir donné un lit pour me reposer, un toit pour m'abriter, tandis qu'il y a tant de pauvres gens qui n'en ont pas. — Merci, Jésus, d'avoir daigné me choisir pour votre épouse, de m'avoir appelée à vous, pour tous vos bienfaits, merci ! » Il n'était guère de jour où elle ne chantât le *Te Deum* et le *Magnificat*, ou quelque beau cantique ; puis, comme si sa bouche et son cœur eussent été insuffisants pour épancher la reconnaissance dont son âme était pleine, elle s'adressait à Mademoiselle Carré: « Aide-moi à chanter, car il n'y a rien qui élève l'âme vers

Dieu comme ces beaux chants, puisque notre occupation dans le ciel sera de louer le bon Dieu et de chanter ses louanges. »

— Vers la fin du Carême, qu'elle observa avec sa rigueur ordinaire, elle tomba absolument sans forces. Elle se rendit encore à la Cathédrale le dimanche 29 avril, mais c'était pour la dernière fois. Au retour une fièvre ardente se déclara. Se rendant compte exactement de la gravité de son état, elle s'abandonna généreusement à la volonté de Dieu et lui fit le sacrifice de sa vie. Plus de cent fois par jour on l'entendait répéter : « Mon Jésus ! avec vous je suis sur la croix. — Mon Jésus, comme vous voulez ! — Mon Jésus je vous offre mes souffrances ! » Les progrès de la maladie étaient rapides ; des déchirements intérieurs et de larges plaies au dehors la faisaient souffrir horriblement. Malgré cela jamais elle ne laissa échapper une seule plainte, et si l'une de ses amies lui témoignait quelque compassion : « Le ciel en est le prix, disait-elle en souriant ; merci, mon Dieu, merci ! » — Plus d'une fois, lorsqu'on lui avait préparé quelque aliment propre à la ranimer, elle voulait qu'on l'envoyât à l'une de ses filles, malade aussi, et dans l'indigence ; mais le temps de ses privations était passé, et pour la forcer à accepter ce mets capable de la flatter, ou, au contraire, un médicament auquel son estomac délabré se refusait, il suffisait de mettre en avant l'obéissance ; elle se soumettait aussitôt. — Elle avait compris dès l'enfance le prix de cette vertu, et l'observant sans réserve à l'égard de ses supérieurs, elle avait habitué ses filles à faire de même.

Souvent on la vit oublier ses propres douleurs pour compatir à celle de l'intime amie qui la veillait nuit et jour, Mademoiselle Carré ; lorsqu'elle voyait cette sœur dévouée faire plus que ne le permettaient ses forces, pour la soulager, elle la faisait asseoir bien près d'elle, et la regardait avec compassion : « Approche, lui disait-elle, je ne te vois pas assez, oh ! je te remercie, tu m'as si bien soignée ! tu as si bien pris soin de ma maison ! au ciel je prierai bien pour toi. »

Sa grande, on peut dire son unique force, dans cette longue agonie, était de recevoir la sainte communion. Elle l'eut désirée tous les jours, et quand l'heureux temps en était venu, elle présidait elle-même aux préparatifs, faisait dresser un petit autel en face de son lit.

Deux mois avant sa mort elle sollicita l'Extrême-Onction, afin de recueillir en pleine connaissance les fruits de ce sacrement. Ses chères filles du Tiers-Ordre l'entouraient en grand nombre, et s'édifiaient de voir leur bonne Mère, si calme, si résignée, unissant ses prières à celles du prêtre. Une d'entre elles lui dit : « Ma Mère, demandez donc avec nous votre guérison. — Non, ma fille, je ne demande que la volonté de Dieu ; je suis entre ses mains, qu'il fasse de moi ce qu'il voudra. »

Après la triste cérémonie, qui donnait à pressentir un éternel adieu, elle dit : « Oh ! comme nous serons heureuses de nous retrouver toutes au ciel ! — O mes chères enfants, soyez bien unies, aimez-vous les unes les autres, soyez toujours fidèles à observer vos saintes règles. » Quelques-unes n'avaient pas été sans lui causer de la peine, en ne répondant pas, comme elle l'eut désiré, à sa sollicitude ; elles saisirent cette circonstance pour lui promettre de devenir exemplaires. Ce fut pour elle une abondante consolation, elle n'eut à leur adresser que des paroles d'encouragement, et plus tard elle disait : « Je remercie le bon Dieu, car voilà des enfants rentrées dans la bonne voie, j'offre pour elles, à Dieu, mes souffrances. — Monseigneur l'Évêque de Chartres vint à peu de temps de là l'honorer de sa visite ; elle était toute heureuse d'avoir recueilli sa pieuse exhortation et sa bénédiction.

Cependant un mieux passager se fit sentir, sur lequel les personnes qui l'entouraient se berçaient d'illusions, elle en profitait pour revoir ses bien-aimées Tertiaires. — Un jour elle dit à l'une d'elles ! « Attachez-vous bien au bon Dieu, attachez-vous à lui seul — Oh c'est trop juste, répondit celle-ci, pensant à ses ennuis, car il n'y a pas d'amis sur la terre. — Si, ma fille, il y en a, mais ils sont rares. »

Les voyant groupées autour de son lit de douleur elle leur répète : « Attachez-vous à votre Tiers-Ordre, demeurez fermes et fidèles à en bien observer les saintes règles. »

Ainsi jusqu'à son dernier jour le Tiers-Ordre fut l'objet de sa maternelle sollicitude. — S'adressant à Mademoiselle Carré : « Tu sais, Jésus sur la croix avait soif, soif du salut des âmes. — Moi aussi j'ai soif des âmes ; oh si je pouvais lui en gagner beaucoup. — O mes chères filles du Carmel ! combien je désire qu'elles se sanctifient, qu'elles donnent le bon exemple, qu'elles remplissent exactement leurs saintes règles ! »

Cependant l'heure suprême approchait. Trois jours avant de mourir, elle fit connaître à la sœur garde-malade qui la veillait, combien il lui restait de temps encore à souffrir sur la terre. Cette bonne religieuse qui, depuis huit ans, sollicitait une grâce sans que le ciel semblât l'écouter, pria la pieuse malade de s'intéresser à elle sitôt qu'elle serait parvenue au ciel, et la grâce si longtemps désirée ne s'est pas fait attendre, aussi ne l'attribue-t-elle qu'à l'intervention de cette grande chrétienne.

Enfin ses dernières forces déclinaient sensiblement, par intervalles les plaies, dont elle était littéralement couverte, devenaient tellement cuisantes qu'elles provoquaient une agitation nerveuse. Un jour, qu'elle souffrait au delà de toute expression, elle lève les yeux vers le ciel et s'écrie : « Mon Jésus, mon Jésus, soulagez-les. On lui demanda si elle voulait parler de ses plaies ; oh non, dit-elle, ce n'est pas pour moi, c'est pour les âmes du purgatoire... . priez, priez pour les âmes du purgatoire.. » puis le calme revint.

La veille de sa mort était le jour où elle attendait la visite de Jésus dans la sainte communion ; on fit des difficultés pour lui concéder cette faveur, vu son état qui s'était sensiblement aggravé ; mais elle y mit une telle instance qu'on n'avait plus rien à lui objecter. En l'absence de son père spirituel, Monsieur l'abbé Picaud, directeur au grand séminaire, vint la visiter à plusieurs reprises et lui adresser ces bonnes paroles si précieuses au moribond, alors que les remèdes humains, sont sans effet. Entre autres choses il lui demanda : « Etes-vous bien résignée à la volonté de Dieu ? — Oh oui, monsieur l'abbé, de tout mon cœur » — A sept heures du soir il lui apporta la sainte Eucharistie, et au moment de la faire communier il lui cita cette parole de saint Jean : « Bienheureux ceux qui meurent dans le Seigneur » et ajouta : « faites-lui donc à ce bon maître un dernier sacrifice de votre vie. — Oui, Jésus, j'ai vécu dans votre amour, je veux mourir dans votre amour » Peu de temps après elle perdit connaissance. Par moments on comprit, au mouvement de sa main, qu'elle réclamait son crucifix pour le porter à ses lèvres — Vers onze heures son inséparable amie, apercevant un léger mieux, lui adressa un affectueux bonsoir ; ne pouvant plus répondre, elle lui serra la main, la regarda fixement environ cinq minutes. — A deux heures du matin elle rendait le dernier soupir, le jeudi 23 août — Ainsi cette bonne Mère, après avoir donné l'exemple de toutes les vertus qu'elle recommandait si fortement, donnait à sa famille spirituelle une dernière leçon en lui montrant comment meurent les saints. — O bonne Mère, vous avez précédé vos enfants dans le ciel, pas une de celles qui vous ont pleurée sur la terre ne manquera au glorieux rendez-vous. Peu importent les épreuves, les combats que réclame la sainteté ; vous leur avez appris à triompher de tous les ennemis du salut, toutes voudront être votre couronne éternelle.

Le Mans. — Imp. Leguicheux-Gallienne.

www.ingramcontent.com/pod-product-compliance
Lightning Source LLC
Chambersburg PA
CBHW061530040426
42450CB00008B/1870